Auguste Kux

Die Feldküche

Gründliche Anleitung fur jedermann die Speisen im Manöver und Felde mit den

gegebenen Mitteln möglichst wohlschmeckendund nahrhaft zuzubereiten

Auguste Kux

Die Feldküche
Gründliche Anleitung fur jedermann die Speisen im Manöver und Felde mit den gegebenen Mitteln möglichst wohlschmeckendund nahrhaft zuzubereiten

ISBN/EAN: 9783743315778

Hergestellt in Europa, USA, Kanada, Australien, Japan

Cover: Foto ©Lupo / pixelio.de

Manufactured and distributed by brebook publishing software (www.brebook.com)

Auguste Kux

Die Feldküche

Die Feldküche.

Gründliche Anleitung für Jedermann

die Speisen
im Manöver und Felde

mit den gegebenen Mitteln **möglichst wohlschmeckend** und
nahrhaft zuzubereiten.

Von

Auguste Knax.

EM&S

Berlin 1878.
Ernst Siegfried Mittler und Sohn
Königliche Hofbuchhandlung
Kochstraße 69. 70.

Vorwort.

Für das größere oder geringere Maß physischen Wohlbefindens der Truppen im Felde und der hierdurch hervorgebrachten Leistungsfähigkeit ist die Nahrung wohl einer der wichtigsten, wenn nicht der Hauptfaktor, und doch ist die Kenntniß der Zubereitung der Speisen nicht in allen Heeren so verbreitet, als die Befriedigung dieser einfachsten und nächsten Bedürfnisse vermuthen ließe.

Die Verfasserin hat es sich zur Aufgabe gemacht, hiermit eine Anleitung für Laien zu bringen, wie die Speisen auf die wohlschmeckendste und nahrhafteste Weise, mit den gegebenen Mitteln leicht im Felde herzustellen sind.

In die Nahrung muß Abwechselung gebracht werden. Einförmigkeit übersättigt bald.

Wenn nun auch bei Soldatenrationen keine sehr große Abwechselung stattfinden kann, so läßt sich diese durch verschiedenartige Zubereitung erreichen; um dies zu ermöglichen, schrieb die Verfasserin folgende für diesen Zweck ausprobirte Rezepte nieder.

Berlin, im März 1878.

Inhaltsverzeichniß.

Allgemeine Regeln beim Kochen.

Eine wichtige Kochregel ist gelindes, anhaltendes Feuer, nur einzelne Speisen bedingen (was in den betreffenden Rezepten stets angegeben ist) schnelles lebhaftes Feuer. — Gelindes Feuer ist vortheilhafter für die Speisen; durch langsames Kochen spart man Feuerung, und das Gekochte wird wohlschmeckender und nahrhafter, namentlich Bouillon.

Beim Kochen im Freien ist darauf zu achten, daß der Rauch nicht durch Wind in den Kessel getrieben und von den Speisen angezogen wird. Der Kessel muß durch Zudecken vor Regenwasser, Sand, Asche 2c., die in die Speisen gerathen könnten, beschützt werden. — Auch ist ein Windschirm für solche Fälle zu empfehlen.

I. Einfache Speisen, wozu die Naturalien im Biwak geliefert werden, zuzubereiten.

---

1. Biwaksuppe.

Das gelieferte Rindfleisch wird recht mürbe geklopft und dann leicht abgespült. Das Kochgeschirr stellt man, zur Hälfte mit Wasser gefüllt, zum Feuer; wenn es kocht, legt man das Fleisch mit dem nöthigen Salz hinein, thut Mohrrübe, Sellerie, Porree, Petersilienwurzel und was man sonst von Wurzelwerk erreichen kann, sauber geputzt, geschnitten und gewaschen dazu und läßt es zugedeckt eine Stunde langsam kochen.

Darnach spült man 66 g (4 Loth) Reis mit Wasser ab, schält einige Kartoffeln, wäscht auch diese recht sauber und thut dann Beides, Reis und Kartoffeln, zum Fleisch und läßt es noch eine Stunde langsam kochen.

Suppe und Fleisch wird zusammen verspeist.

Zeit des Kochens im Ganzen 2 Stunden.

2. Erbsen mit Speck.

Die Erbsen werden verlesen, mit kaltem Wasser gewaschen, dann ins Kochgeschirr gethan. Der Speck wird mit einem Messer sauber von allen Seiten abgeputzt, auf die Erbsen gelegt, soviel kaltes Wasser darauf gegossen, daß Erbsen und Speck damit bedeckt sind, zu=

Die Feldküche.   1

gedeckt aufs Feuer gestellt, langsam kochen lassen. Wäh=
rend des Kochens muß, da die Erbsen sehr aufquellen,
häufig nachgesehen und etwas heißes Wasser nachgeschüttet
werden, bis sie so weich sind, daß sie sich zerdrücken
lassen (was bei einer guten Qualität zwei Stunden
dauert), alsdann nimmt man den Speck heraus, stampft
und drückt die Erbsen klar, vermischt sie mit Salz und
verspeist sie mit dem Speck zusammen.

Anmerkung. Die Erbsen dürfen während des Kochens nicht
gerührt werden, weil sie sonst leicht anbrennen. Auch dürfen
sie nicht auf zu starkem Feuer kochen, sondern ganz lang=
sam, auf schwachem Feuer, mehr brobeln. Ist die Flüssig=
keit verkocht, so gießt man immer nur wenig, aber öfter,
heißes Wasser zu.

3. Bohnen mit Rindfleisch.

Das Rindfleisch wird tüchtig geklopft, abgespült, ins
Kochgeschirr gelegt. Die Bohnen werden verlesen, mit
kaltem Wasser gewaschen, aufs Fleisch gethan und so
viel kaltes Wasser darauf gegossen, daß das Kochgeschirr
³/₄ gefüllt ist. — Darauf aufs Feuer gestellt, ins Kochen
gebracht, auf schwachem Feuer langsam weiter kochen
lassen. — Etwas Porree, ein Selleriekopf, geputzt, ge=
waschen und geschnitten und einige geschälte, sauber ge=
waschene Kartoffeln dazu gethan, schmeckt hierzu sehr
gut. — Man läßt alsdann das Gericht so lange kochen,
bis die Bohnen ganz weich geworden, was 2—2¹/₂
Stunde dauert.

4. Kartoffeln und Hammelfleisch.

Nachdem das Fleisch tüchtig geklopft und abgespült,
läßt man im Kochgeschirr Wasser zum Kochen kommen,
thut das Fleisch hinein, einige große Zwiebeln, in Viertel
geschnitten, und das nöthige Salz dazu und läßt es zu=
gedeckt 1¹/₂ Stunde kochen. Währenddem schält man
so viel Kartoffeln als zur Sättigung nöthig, wäscht

sie sauber, thut sie zum Fleisch und läßt Alles zusammen noch ³/₄ Stunden kochen.

5. Graupen und Rindfleisch.

Die Graupen spült man mehrere Mal mit kaltem Wasser ab. Das Fleisch legt man, nachdem es geklopft und ebenfalls abgespült ist, mit den Graupen ins Koch=geschirr, Salz dazu, auch einen geputzten und gewaschenen Selleriekopf und einige Porreezwiebeln und so viel Wasser, daß das Kochgeschirr ³/₄ gefüllt ist. Nun stellt man es zum Feuer und läßt es 2 Stunden kochen, behütet es aber vor dem „Ueberlaufen". Dann schält man einige Kartoffeln und thut sie, nachdem sie ge=waschen, dazu und läßt Alles zusammen noch ½ Stunde kochen.

6. Reis und Rindfleisch.

Das Rindfleisch wird geklopft, abgespült, mit kochendem Wasser, Salz und einen Selleriekopf zum Feuer gestellt, 1 Stunde gekocht. Während dieser Zeit hat man so viel Reis, als zur Sättigung nöthig, mehrere Mal mit Wasser abgespült, mit kaltem Wasser bedeckt hingestellt, darauf das Wasser abgegossen, den Reis zum Fleisch geschüttet und zusammen noch 1 Stunde langsam kochen lassen.

II. Suppen.

7. Bouillon zu kochen.

Ein gutes Stück Rindfleisch wird recht mürbe ge=klopft, leicht gewaschen, mit kaltem Wasser zum Feuer gestellt. Auf jedes ½ kg (1 Pfd.) Fleisch, nimmt man 1 Liter Wasser, thut gleich Salz dazu (Bouillonsalz), genau läßt sich das Verhältniß nicht angeben, auf 1 kg Fleisch ungefähr einen kleinen Eßlöffel voll, und läßt es dann, das Kochgeschirr fest zugedeckt, 2½ Stunde langsam kochen. Darnach kann man die Bouillon mit dem Fleisch zusammen verspeisen oder auch als klare Bouillon aus Tassen trinken.

Anmerkung. Je nachdem man die Absicht hat, mehr eine kräftige Bouillon oder ein kräftiges Fleisch herzustellen, giebt es zwei Verfahrungsarten des Kochens. — Im ersten Falle richte man sich nach vorstehender Nummer „Bouillon zu kochen" und stelle das Fleisch mit kaltem Wasser zum Feuer. Die Eiweißhülle wird auf diese Weise langsam ge= bildet, und das Wasser hat Zeit, mehr mit den löslichen Substanzen im Innern in Berührung zu treten und die= selben auszuscheiden. Im anderen Falle läßt man das Wasser bis zum Kochen kommen und legt dann erst das Fleisch hinein. Durch dieses Verfahren wird die Eiweiß= hülle rasch gebildet, und die aufgelösten Theile bleiben im Innern des Fleisches, das nun unter Einwirkung nicht zu starker Hitze langsam gar und saftig wird.

Es sei hier gleich von vornherein auf die Gewürz= salze des Dr. Naumann in Dresden und Plauen auf= merksam gemacht. Diese Salze enthalten das Aroma aller erforderlichen Gewürze und Wurzeln, im richtigen Verhältniß zum Salz gemischt, so daß man die be= treffenden Speisen nur genügend zu salzen hat, wodurch gleichzeitig alles Salz und Gewürz denselben zugeführt wird. —

Um die Verwendung dieser Fabrikate bei der Armee zu erleichtern, ließ Dr. Naumann kleine Etuis von Blech anfertigen. Dieselben enthalten Bouillonsalz, Pfeffer= salz (empfehlenswerth zum Speck, Rauchfleisch ꝛc.) feine Kräuter, Goulasch, Zwiebel und Negusgewürz und ge= nügt diese Auswahl, um bei der leichtesten Handhabung manche Abwechslung herbeizuführen; dabei nehmen diese Etuis so wenig Raum in Anspruch, daß sie jeder Offi= zier bequem bei sich führen kann. Auch die Naumann=

schen Fruchtextrakte erfreuen sich allgemeiner An=
erkennung.

In den meisten Fällen ist es im Felde ganz un=
möglich, frische Früchte zu haben, dahingegen ist man
mit Hülfe dieser Fruchtextrakte jederzeit in der Lage,
die vorzüglichsten Bowlen, Limonaden und Kaltschalen
auf die billigste, leichteste und schnellste Weise zu be=
reiten.

8. Reissuppe.

Das Rindfleisch dazu wird, nach voriger Nummer,
mit Bouillonsalz, gekocht. Der Reis (auf die Person
66 g (4 Loth) wird eine Stunde mit kaltem Wasser
bedeckt hingestellt, das Wasser alsdann abgegossen, der
Reis zur Bouillon geschüttet und mit dem Fleisch zu=
sammen noch 1 Stunde gekocht, Suppe und Fleisch
zusammen verspeist. — Zeit des Kochens im Ganzen
$2^1/_2$ Stunde. —

Anmerkung. Rindsmark ist für die meisten Herren eine be=
liebte Suppeneinlage und paßt in jede Bouillonsuppe.

Sollte beim Fleisch, was ja häufig vorkommt, ein Stück
Mark als Beilage sein, so wird dies 1 Stunde in kaltes
Wasser gelegt, damit es recht weiß werde. und dann $^1/_4$
Stunde vor der Tischzeit in der Suppe mitgekocht und
dann mit (womöglich etwas geröstetem) Brod zur Suppe
verspeist.

9. Graupensuppe.

Ein Stück Hammelfleisch wird, wie oben vom Rind=
fleisch gesagt, ebenfalls mürbe geklopft, mit Wasser und
Bouillonsalz zum Feuer gestellt. Die Graupen werden
in kaltem Wasser abgewaschen oder abgespült, mit dem
Fleisch zusammen $2—2^1/_2$ Stunde langsam fest zu=
gedeckt gekocht. Einige vorher geschälte und sauber
gewaschene Kartoffeln, $^1/_2$ Stunde zuletzt in der Suppe
mitgekocht, erhöhen den Wohlgeschmack.

10. Klare Bouillon mit ganzen Eiern.

Die nach Nr. 7 bereitete Bouillon läßt man kurz vorher, bevor sie verspeist werden soll, zum Kochen kommen und schlägt recht vorsichtig für jede Person ein ganzes Ei hinein und läßt die Suppe noch 2 Minuten damit kochen, alsdann muß sie aber verspeist werden, sonst werden die Eier hart.

Anmerkung. Wenn die Gelegenheit geboten, in 2 Töpfen kochen zu können, dann werden die Eier besser und die Suppe ansehnlicher, wenn die Eier vorher in Wasser gekocht werden. Man stellt alsdann einen Topf oder Kasserol, halb mit Wasser gefüllt zum Feuer, thut 2 Löffel Salz dazu, und wenn das Wasser kocht, schlägt man die Eier recht vorsichtig, eins nach dem andern hinein und läßt sie kochen. Das Eidotter muß weich und locker bleiben und auch das Eiweiß darf nicht zu fest werden. 2 Minuten ist, vom Kochen an gerechnet, die richtige Zeit, um den Eiern die richtige Festigkeit zu geben. Alsdann nimmt man sie mit einem Löffel heraus, verputzt und schneidet sie hübsch rund und legt sie in die Bouillon.

11. Kalbfleischsuppe

ist nicht so kräftig wie Rindfleischsuppe, aber sehr wohlschmeckend. Das Fleisch wird blanchirt, d. h. es wird zuerst mit kochend heißem und dann mit kaltem Wasser übergossen, darauf mit Wasser und dem nöthigen Salz im Kochgeschirr zum Feuer gestellt, 1½ Stunde gekocht. Alsdann werden zu 1 Liter Suppe in einem anderen Topfe 2 Eier recht klar gequirlt, die kochende Bouillon unter fortwährendem Quirlen der Eier dazugegossen, die Suppe in den heißen Topf zurückgeschüttet, noch 5 Minuten aufziehen, aber nicht kochen lassen und dann sofort verspeist.

12. Hühnersuppe.

Das Huhn wird nach Nr. 82 geschlachtet und vorgerichtet, recht sauber gewaschen, namentlich innerlich, es muß wenigstens 3 Mal frisches Wasser dazu ver-

wendet werden. Dann thut man das Huhn ins Koch=
geschirr und wenn man es haben kann, noch ein Stück=
chen Rindfleisch dazu (vielleicht ½ kg), gießt 2½ Liter
Wasser darauf, einen Löffel voll Salz, und läßt es zu=
gedeckt 2 Stunden kochen. Zu gleicher Zeit hat man
nun Reis abgewaschen, mit kaltem Wasser bedeckt hin=
gestellt (siehe Nr. 8), nach einer Stunde das Wasser
abgegossen, alsdann den Reis zum Huhn geschüttet und
beides zusammen noch ½ Stunde gekocht.
Zeit des Kochens im Ganzen 2½ Stunde.

13. Taubensuppe.

Die nach Nr. 82 geschlachteten Tauben werden
recht sauber gewaschen, besonders innerlich, alsdann stellt
man sie mit Wasser (auf 2 Tauben 1½ Liter) und einem
Löffel voll Salz zum Feuer und läßt sie zugedeckt eine
Stunde kochen. Wenn Butter zu haben ist, so wird die
Bouillon besser, wenn man 66 g. (4 Loth) Butter
½ Stunde mit den Tauben kochen läßt. Man kann
nun, wie in der vorigen Nummer, Reis zu den Tauben
schütten und in der Bouillon weich kochen lassen, oder
man kann auch wie in Nr. 11 (Kalbfleischsuppe) die Suppe
bloß mit Eiern abziehen.

14. Schnell zu bereitende Bouillon I.

Zu einer großen Bouillontasse läßt man ¼ Liter
Wasser mit ½ Theelöffel Bouillonsalz und wenn man
frische Butter zur Hand hat, ein bohnengroßes Stück
Butter (andernfalls kann die Butter auch wegbleiben)
zum Kochen kommen, thut einen Theelöffel voll Fleisch=
extrakt dazu, läßt alles zusammen noch einmal aufkochen
und die Bouillon ist fertig.

15. Schnell zu bereitende Bouillon II.

Ein frisches Eidotter quirlt man mit einem Thee=
löffel voll kalten Wassers recht schaumig, giebt etwas

8

Bouillonsalz dazu, ein wenig frische Butter, einen Thee=
löffel voll Fleischextrakt und eine Bouillontasse voll
kochenden Wassers, läßt nun die Bouillon, unter fort=
während em Quirlen, noch 2 Minuten auf dem Feuer
aufziehen und kann sie dann sogleich verspeisen.

16. Ebenfalls schnell zu bereitende Suppe.

Wenn es darauf ankommt, die Suppe sehr schnell
zu bereiten und kein Fleischextrakt zur Hand
ist, so schneide man das Rindfleisch in große Würfel,
bringe diese mit etwas Butter, 2 geschälten, in Scheiben
geschnittenen Zwiebeln ins Kochgeschirr, streue einen
Löffel voll Mehl darüber und lasse es, unter bestän=
digem Umrühren, 10 Minuten auf dem Feuer braten.
Alsdann gießt man so viel Wasser, als man Suppe
zu haben wünscht, und das nöthige Salz dazu und läßt
die Suppe eine Stunde zugedeckt klar und sämig kochen,
würzt sie noch mit einer Prise gestoßenen Pfeffers und
kann sie dann sogleich verspeisen.

Anmerkung. Man kann, um das Kochen zu vereinfachen, die
Zwiebeln weglassen, würzt alsdann die Suppe mit Zwiebel=
salz und mit Pfeffersalz.

17. Graupensuppe mit Fleischextrakt.

Ganz große Graupen (auf die Person 100 g, 6 Loth)
werden abgespült, mit soviel halben Litern Wasser, als
Personen davon speisen sollen, zum Feuer gestellt und
unter häufigem Umrühren 2—3 Stunden recht langsam
gekocht. Während des Kochens muß von Zeit zu Zeit
noch Wasser zugegossen werden, dann treibt man die
Suppe, recht fest, durch ein Sieb (so daß die Graupen
zurück bleiben), setzt dem durchgestrichenen Seim das
nöthige Salz, ein Stückchen frische Butter und auf jede
Person einen Theelöffel voll Fleischextrakt zu, läßt die
Suppe nochmals bis vor's Kochen kommen, quirlt in
einem andern Topfe 2 Eidotter recht klar, gießt unter

fortwährendem Quirlen die Suppe dazu, sogleich in den heißen Topf zurück, und sie ist zum Verspeisen fertig.

18. Linsensuppe.

Die Linsen dazu werden, nachdem sie verlesen und gewaschen sind, mit Flußwasser reichlich bedeckt, zum Feuer gestellt; wenn sie ¼ Stunde gekocht, gießt man das Wasser ab und frisches darauf, womöglich heißes, giebt das Fleisch dazu, was ebenso gut Rind= als Hammelfleisch, Rinderknochen oder ein Stück durch= wachsener Speck sein kann, schneidet einige Porree= zwiebeln, die vorher sorgfältig gewaschen, daran, auch einen halben Selleriekopf, wenn solcher zu haben, und läßt alsdann die Suppe 2 Stunden kochen. In der Zeit sind die Linsen in der Regel beinahe weich. Als= dann schält man einige Kartoffeln, wäscht sie sauber, thut sie zu den Linsen und läßt sie in der Suppe gar kochen. — Zu einer etwas dicken, sättigenden Suppe, wo noch einige Kartoffeln dazu kommen, rechnet man für die Person 100 g (6 Loth) Linsen.

Anmerkung. In Ermangelung von Porree und Sellerie würzt man die Suppe mit Zwiebel= und Pfeffersalz.

19. Bohnensuppe.

Die trocknen weißen Bohnen werden gewaschen, mit kaltem Wasser zum Feuer gestellt, nachdem sie ¼ Stunde gekocht, das Wasser abgegossen und dann weiter ver= fahren, wie in der vorigen Nummer von der Linsensuppe gesagt. Etwas Porree mitgekocht, macht die Suppe besonders wohlschmeckend, und paßt auch ebensogut hier= zu Rindfleisch, Hammelfleisch oder ein Stückchen durch= wachsener Speck.

Anmerkung. Eine gute Qualität Bohnen bedarf zum Weich= werden ebenfalls nicht länger als 2 Stunden.

20. Zwiebelsuppe I.

Eine Hand voll Zwiebeln werden geschält, in Scheiben geschnitten, im Kochgeschirr mit etwas Butter oder Rinder= fett ¼ Stunde geschmort, 3 Löffel Mehl darüber ge= streut und unter fortwährendem Umrühren das Mehl 5 Minuten geschwitzt. Alsdann gießt man 1 Liter Wasser dazu, quirlt das Mehl damit klar, läßt die Suppe noch ¼ Stunde kochen und würzt sie mit Salz und gestoßenem Pfeffer (oder Pfeffersalz).

21. Eine andere Zwiebelsuppe II.

Zuvörderst läßt man 3 Löffel Mehl in gut aus= getrocknetem Kochgeschirr (ohne Fettigkeit) unter fort= währendem Umrühren sich bräunen, gießt alsdann 1 Liter Wasser zu, quirlt das Mehl damit klar und läßt es aufkochen. Darnach schneidet man eine große Zwiebel in Würfel, bratet diese mit Fett oder Butter in einem anderen kleinen Geschirr braun, thut sie mit dem nöthi= gen Salz und einer Prise gestoßenen Pfeffers (oder Pfeffersalz) zur Suppe und läßt alles zusammen noch einmal aufkochen.

22. Kümmelsuppe.

Man schneidet Schwarzbrod in kleine Stücke, gießt Wasser darauf, thut einen Theelöffel voll verlesenen Kümmels dazu und läßt das Brod zu Brei kochen, reibt die Suppe durch einen Durchschlag (oder wenn dies nicht möglich, drückt man die Brodstückchen bloß klar), thut Salz und ein Stückchen Butter dazu und zieht die Suppe, wenn Eier zu haben sind, mit 1—2 Eiern ab.

23. Kaninchensuppe.

Das sauber vorgerichtete Kaninchen wird in Portion= stücke geschnitten, mit einem Stückchen Butter und einer großen in Scheiben geschnittenen Zwiebel und dem nöthi=

gen Salz im Kochgeschirr angeschmort, so viel Wasser dazu gegossen, als man Suppe braucht, ³/₄ Stunden gekocht. Alsdann thut man 125 g (¹/₄ Pfd.) Reis, den man nach Nr. 8 vorher gewässert hat, dazu, auch einige geschälte Kartoffeln, die sehr sauber gewaschen, und läßt Alles zusammen gar kochen. Suppe und Fleisch wird alsdann zusammen verspeist.

Wenn man es zur Hand hat, kann in der Suppe eine Mohrrübe, ein Stück Sellerie und eine Petersilien= wurzel mitgekocht werden, jedoch in Ermangelung dieser Gemüse würze man mit Bouillonsalz.

Ein junges Kaninchen braucht 1¹/₂ Stunden zum Weichwerden.

24. Italienische Suppe.

Zehn Stück mittelgroße Zwiebeln und ein kleines Stückchen Knoblauch werden geschält, in Scheiben ge= schnitten, mit einem guten Stück Butter im Kochgeschirr auf gelindem Feuer ¹/₂ Stunde geschmort, alsdann streut man 3 Löffel Mehl darüber, und wenn auch dieses zu= sammen unter häufigem Umrühren wieder ¹/₄ Stunde geschmort, gießt man 1¹/₂ Liter Wasser dazu, läßt die Suppe recht klar kochen, thut das nöthige Salz und etwas gestoßenen Pfeffer (oder Pfeffersalz) daran und giebt beim Verspeisen zu jedem Teller 2 Löffel voll ge= riebenen Parmesankäse.

25. Kartoffelsuppe I.

Die Kartoffeln werden, nachdem sie geschält und sauber gewaschen sind, mit Wasser, einem Stück Porree, ¹/₂ Selleriekopf und einem guten Stück Butter weich gekocht. Alsdann werden sie recht klar gequetscht und gequirlt, so daß möglichst wenig Stückchen darin blei= ben, die Suppe mit Salz und gestoßenem Pfeffer (oder Pfeffersalz) abgeschmeckt und zuletzt ein Löffel voll Fleischextrakt durchgerührt.

26. Kartoffelsuppe II.

Wenn die Kartoffeln nach voriger Nummer weich gekocht sind, werden sie ebenfalls klar gestampft und möglichst klar gequirlt. In einem anderen kleinen Ge= schirr wird eine große in Würfel geschnittene Zwiebel in Butter oder Fett hellbraun gebraten, ein Löffel Mehl hineingerührt, etwas Wasser dazu gegossen und damit das Mehl klar gekocht, alsdann zu den Kartoffeln gegeben, die Suppe mit Pfeffersalz abgeschmeckt und zu= sammen noch einmal aufkochen lassen. Auch diese Suppe wird sehr verbessert, wenn man zuletzt einen Löffel voll Fleischextrakt durchrührt.

III. Gemüse und Kartoffelspeisen.

27. Weißkohl mit Hammelfleisch.

Das Hammelfleisch wird in viereckige Stückchen ge= hauen, gewaschen und mit wenig Wasser und Salz eine Stunde gekocht. Unterdeß entfernt man von 1—2 Kohl= köpfen die äußeren welken Blätter, schneidet jeden Kopf in 4 Theile, die Strünke heraus, doch so, daß die Stücke ganz bleiben; nachdem er nun gewaschen, wird er mit kochendem Wasser übergossen, herausgenommen, ausge= drückt, auf das Fleisch gelegt und mit dem Fleisch zu= sammen weich gekocht. Bald nachdem der Kohl zum Fleisch gethan, giebt man dann auch das noch fehlende Fett und 1 Theelöffel voll sauber ausgelesenen Kümmels daran und eine Stunde bevor der Kohl verspeist werden soll, legt man geschälte und recht sauber gewaschene Kartoffeln darauf und läßt Alles zusammen gar kochen.

2³/₄ Stunden sind zur Herstellung dieses Gerichts erforderlich.

Anmerkung. Alle Kohlarten verlangen viel Fett.

28. Zwiebeln mit Hammelfleisch.

Eine entsprechende Portion Zwiebeln werden geschält, die großen in Viertel, die mittelgroßen in Hälften ge=schnitten, kochendes Wasser darauf gegossen, die Zwie=beln darin 10 Minuten gekocht. Währenddem kocht man in Stücke gehauenes Hammelfleisch ³/₄ Stunden mit wenig Wasser, gießt die Zwiebeln rein ab und thut sie zu dem Fleisch, giebt auch einen Theelöffel voll ver=lesenen Kümmels dazu und läßt Alles zusammen weich kochen, worauf man 2 Stunden rechnen muß. Zuletzt einen Löffel voll geriebener Semmel, wenn solche zu haben, ¼ Stunde mit durchgekocht, verbessert dies Ge=richt sehr.

29. Ente mit Wirsing.

Die Ente wird nach Nr. 78 vorbereitet, gründlich gewaschen, mit etwas Butter ins Kochgeschirr gebracht und angebraten. Währendem schneidet man einige Köpfe Wirsingkohl in 4 Theile, die dicken Adern heraus, wäscht ihn sauber und legt ihn auf die Ente, streut schichtweise das nöthige Salz dazwischen, gießt ½ Liter Wasser dazu, deckt den Topf fest zu und läßt beides zusammen bei mäßigem Feuer gar kochen, worauf man doch 2 Stunden rechnen kann.

Wenn man Speck zur Hand hat und beim Zusetzen einige Scheiben Speck unter die Ente legen kann, so wird der Wohlgeschmack bedeutend erhöht.

30. Grüne Bohnen mit Hammel= oder Rindfleisch.

Hierzu paßt ebenso gut Hammel= wie Rindfleisch. Das Fleisch wird geklopft, abgespült mit wenig heißem Wasser und dem nöthigen Salz ins Kochgeschirr gebracht, eine Stunde gekocht. Während der Zeit bringt man in einem anderen Geschirr Wasser zum Kochen, zieht die Bohnen ab, bricht jede in 2—3 Stücke, wäscht sie sauber, thut sie in das Wasser und läßt sie ¼ Stunde darin kochen, worauf man sie rein abgießt, mit dem noch fehlenden Fett zum Fleisch thut und zusammen weich kochen läßt. Einige geschälte, sauber gewaschene Kartoffeln, in der letzten halben Stunde auf die Bohnen gelegt, mit weich gekocht, findet bei Vielen Beifall. — Wenn Pfefferkraut zu haben ist, so binde man davon ein Sträußchen zusammen, spüle es in Wasser ab und lasse es in den Bohnen mit auskochen, ist keins zu haben, so kann man dasselbe durch etwas Pfeffersalz oder gestoßenen Pfeffer, den man zuletzt mit den Boh= nen durchschwenkt, ersetzen.

Zeit des Kochens 2½ Stunde.

31. Sauerkohl.

Man drückt den Sauerkohl leicht aus, bringt ihn mit reichlich Fett (was Rinderfett, Schweinefett, Butter oder auch von jedem etwas sein kann) ins Kochgeschirr, gießt so viel Wasser zu, daß der Kohl knapp damit be= deckt ist, und läßt ihn, unter häufigem Umrühren, meh= rere Stunden langsam schmoren. 2—3 mittelgroße Kartoffeln werden geschält, sauber gewaschen, auf dem Reibeisen gerieben, die Masse zum Sauerkohl gethan, gut umgerührt, zusammen noch eine Stunde gekocht. Schweinefleisch oder Geflügel paßt dazu.

32. Gelbe Erbsen.

Die Erbsen werden verlesen, gewaschen, mit weichem Wasser bedeckt zum Feuer gestellt. Da die Erbsen sehr aufquellen, so muß während des Kochens häufig nach= gesehen und Wasser zugegossen werden. Sind sie völlig weich, gießt man das überflüssige Wasser ab und stampft sie sehr klar, so daß alle Erbsen zerdrückt sind. In einem kleinen Geschirr wird dann in Speck oder Fett eine in Würfel geschnittene Zwiebel hellbraun gebraten und dies mit dem Erbsbrei vermischt.

Die Zeit des Kochens richtet sich nach der Be-
schaffenheit der Erbsen; eine gute Qualität bedarf zum
Weichwerden etwa 2 Stunden.

33. Weiße Bohnen.

Werden wie Erbsen verlesen, gewaschen, vorsichtig
weich gekocht und das Wasser abgegossen. In einem
andern kleinen Geschirr bratet man mit Fett oder Speck
eine in Würfel geschnittene Zwiebel hellbraun, thut
einen Löffel voll Mehl dazu, das nöthige Salz, einen
halben Tassenkopf Essig, doppelt so viel Wasser; nachdem die Sauce gekocht hat, vermischt man sie mit den
Bohnen, thut auch noch eine Prise gestoßenen Pfeffer
(oder etwas Zwiebel- und etwas Pfeffersalz) dazu und
läßt sie zusammen aufziehen.
Zeit des Kochens siehe Nr. 19.

34. Steinpilze.

Wo sich Pilze finden, sollte man nicht versäumen,
sie auszunutzen, denn neben ihrem Wohlgeschmack reprä-
sentiren sie einen so bedeutenden Nahrungswerth, daß
man sie mit Recht das Fleisch der Armen nennt. —
Die Pilze werden geputzt, indem man mit einem scharfen
Messer die Haut von dem Hut und auch von den Stielen
abzieht. Die großen schneidet man in mehrere Stücke,
die mittelgroßen in Hälften. Nachdem sie sauber gewaschen, thut man sie mit einem guten Stück Butter
und dem nöthigen Salz ins Kochgeschirr und läßt sie
damit und in ihrem Safte 2 Stunden schmoren. Sollte
während der Zeit die Flüssigkeit zu sehr verdampfen,
so gieße man einige Löffel Wasser zu. Kurz vor dem
Verspeisen vermischt man sie noch mit gehackter Petersilie und einer Prise gestoßenen Pfeffers (oder etwas
Pfeffersalz).

35. Herings=Kartoffeln.

Die Kartoffeln hierzu werden, nachdem sie recht rein gewaschen, in der Schale mit Wasser weich ge= kocht, die Schale abgezogen, in Scheiben geschnitten, jedoch so heiß als möglich gehalten. Unterdeß werden einige Zwiebeln in kleine Würfel geschnitten, mit nicht zu wenig Butter oder Speck gelb gebraten, ein kleiner Löffel Mehl dazu gerührt und so viel Wasser zugegossen, daß es eine sämige Sauce wird, die man noch mit Pfeffersalz abschmeckt, mit den ausgegräteten, in feine Würfel geschnittenen Heringen und zuletzt mit den ge= schnittenen Kartoffeln vermischt.

Wenn man statt Wasser Sahne nehmen kann, oder auch nur halb Sahne und halb Wasser, so wird dies Gericht sehr verbessert, es muß saftig, nicht steif gekocht werden.

36. Kartoffelmuß.

Die Kartoffeln werden roh geschält, in Viertel ge= schnitten, sauber gewaschen, mit Wasser und etwas Salz gar gekocht. Darauf gießt man sie rein ab, stampft sie recht klar, so daß keine Stückchen darin bleiben, gießt Milch, oder halb Milch halb Wasser zu, rührt ein gutes Stück Butter durch und kann dann das Muß mit brauner Butter, oder mit fein würfelig geschnittenem Speck und Zwiebeln, was zusammen gelbbraun gebraten, verspeist werden.

37. Kartoffelgemüse.

Hierzu paßt eben so gut Rindfleisch wie Hammel= fleisch. Das Fleisch wird geklopft, abgespült, mit heißem Wasser und dem nöthigen Salz ins Kochgeschirr ge= bracht, beinahe weich gekocht. Unterdeß schält man einige große Zwiebeln, schneidet diese in Viertel und thut sie, weil sie zum Weichwerden längere Zeit brauchen, früher zum Fleisch als die Kartoffeln. Sind nun Fleisch und Zwiebeln beinahe weich, schüttet man die geschälten, gewaschenen Kartoffeln dazu, auch einen Theelöffel voll verlesenen Kümmels und läßt Alles zusammen gar kochen.

Zwiebeln und Kümmel können an diesem Gericht aber auch weggelassen werden; man kann, wenn Fleisch und Kartoffeln zusammen gar gekocht, etwas gehackte Petersilie dazuthun und damit aufziehen lassen.

Zeit des Kochens 2½ Stunde.

38. Zwiebeln= oder Knoblauch=Kartoffeln.

Die Kartoffeln dazu werden roh geschält, in Hälften oder Viertel geschnitten, sauber gewaschen, mit Wasser bedeckt, halb gar gekocht und darauf abgegossen. Nun schneidet man 1—2 große Zwiebeln und ein Stückchen Knoblauch in kleine Würfel, thut diese mit einem Löffel voll Fett ins Kochgeschirr, läßt die Zwiebeln darin an= braten, gießt ¼ Liter Wasser dazu, das nöthige Salz, eine Prise gestoßenen Pfeffers (oder Pfeffersalz), schüttet die Kartoffeln dazu und läßt sie unter häufigem Um= schwenken zugedeckt darin vollends gar schmoren.

Wer den Knoblauchgeschmack nicht liebt, kann den Knoblauch weglassen und bloß Zwiebeln dazu nehmen.

39. Saure Kartoffeln.

Die roh geschälten, sauber gewaschenen Kartoffeln werden mit Wasser bedeckt, auch etwas Salz dazu ge= than, weich gekocht und darauf rein abgegossen. Als= dann bratet man kleinwürfelig geschnittenen Speck aus, läßt einen Löffel Mehl darin braun werden, gießt einen Tassenkopf voll Essig und ebenso viel Wasser dazu, das vielleicht noch fehlende Salz, eine Prise gestoßenen Pfeffers (oder Pfeffersalz), vermischt die Sauce mit den Kartoffeln und läßt sie darin aufziehen.

40. Gebratene Kartoffeln.

Dazu werden die Kartoffeln mit der Schale gekocht, noch heiß die Schale abgezogen, in Scheiben geschnitten; dann bratet man eine in Würfel geschnittene Zwiebel mit reichlich Speck oder Fett etwas an, thut die Kartoffeln dazu, streut Salz und Pfeffer darüber (oder Pfeffersalz) und bratet die Kartoffeln, unter vorsichtigem Umwenden, schön braun.

41. Kartoffeln in der Schale schmackhaft zu kochen.

Mittelgroße Kartoffeln werden recht sorgfältig gewaschen, womöglich in einem eisernen Topfe mit Wasser bedeckt, halb gar gekocht, trocken abgegossen, mit etwas Salz bestreut, fest zugedeckt, auf nicht starkem Feuer (am besten heiße Asche oder Kohlen) so lange gebraten, bis sie ganz weich geworden und Krüstchen erhalten haben.

IV. Fleischspeisen aller Art.

Rindfleisch.

42. Beefsteak von gehacktem Fleisch.

Ein gutes Stück lockeres Rindfleisch (sogenanntes Blumenstück) wird tüchtig geklopft, in dünne Scheiben geschnitten und dann mit einem Blechlöffel das Fleisch so fein abgeschabt, daß bloß die Sehnen zurückbleiben. Wenn es nun möglich ist, das geschabte Fleisch noch etwas mit einem Hackemesser zu hacken, werden die Beefsteaks noch lockerer. Alsdann mischt man das Fleisch mit Pfeffer und Salz (oder Pfeffersalz), formt Beefsteaks davon, thut Butter in die Pfanne, schneidet eine geschälte Zwiebel in langen Streifen hinein und bratet sie in der Butter hellbraun, schiebt sie mit einen Löffel zur Seite, legt die Beefsteaks dazu, bratet diese unter öfterem Hin= und Herschieben, auf lebhaftem Feuer, auf beiden Seiten bräunlich, was aber nicht über 4 Mi= nuten dauern darf. Angerichtet, werden sie dann mit den Zwiebeln belegt, die Butter darüber gegossen.

Beefsteaks müssen inwendig, wenn auch nicht ganz roh, doch röthlich sein, durch langes Braten werden sie hart und zähe.

43. Beefsteaks von Filet.

Die Beefsteaks von Filet sind lockerer und saftiger als die vorhergehenden von geschabtem Fleisch. Wenn also Filet zu haben, so ist dieses immer vorzuziehen. Das Filet wird gehäutet, in 2 Finger breite Scheiben geschnitten, auf der breiten Seite (Schnittseite) etwas geklopft, mit Pfeffer und Salz (oder Pfeffersalz) bestreut.

Dann thut man Butter in die Pfanne und bratet die Beefsteaks nach voriger Nummer, mit Zwiebeln, auf beiden Seiten, aber nicht länger als 4 Minuten.

44. Beefsteaks, roh.

Viele ziehen das ungebratene Beefsteak dem ge= bratenen vor. Man nimmt dazu ebenfalls recht lockeres Fleisch, aber ohne Fett, schneidet es zunächst in Scheiben und schabt es mit einem Blechlöffel ganz fein, so daß nur die Sehnen zurückbleiben, oder man hackt es mit Zwiebeln, Pfeffer und Salz mit dem Hackmesser recht fein.

45. Gullasch.

Ein Stück lockeres Rindfleisch wird recht mürbe ge= klopft, alsdann in große Würfel geschnitten. Dann thut man ein Stück Butter ins Kochgeschirr oder die Kasserolle und, wenn diese recht heiß, das Fleisch hinein, streut das nöthige Salz darüber, reichlich Zwiebeln in Scheiben geschnitten, einen Theelöffel voll verlesenen Kümmels und läßt es zugedeckt weich schmoren, worauf man doch 1½ Stunde rechnen kann. Um die nöthige Sauce zu erhalten, gießt man von Zeit zu Zeit einige Löffel Wasser zu und thut auch eine Linse groß Cayennepfeffer daran.

Anmerkung. In Ermangelung von Zwiebeln, Kümmel und Cayennepfeffer nimmt man 1—2 g Gullasch-Gewürz.

46. Rouladen von Rindfleisch.

Ein gutes Stück Rindfleisch schneidet man in handgroße Scheiben, klopft diese, bestreut sie mit Salz und Pfeffer und legt dünne Speckscheiben von der Größe des Fleisches darüber, rollt sie fest zusammen und umwickelt sie mit einem starken Faden. In Ermangelung von Faden stecke man durch jede Rolle zwei zugespitzte Hölzchen, die das Zusammenhalten ebenfalls bewirken. Darauf läßt man im Kochgeschirr ein Stückchen Butter heiß werden, legt die Rouladen hinein, streut Bouillonsalz und etwas Zwiebelgewürz darüber und läßt sie, unter häufigem Umdrehen, von allen Seiten bräunlich werden, gießt nach und nach etwas Wasser zu und läßt sie zugedeckt, weich schmoren, worauf man 2 Stunden rechnen kann.

Falls Mehl zur Hand, löst man ½ Theelöffel voll Mehl in einem Löffel voll kalten Wassers auf, giebt es in die Sauce und läßt es ¼ Stunde damit durchkochen.

Es ist dies ein sehr kräftiges Gericht.

47. Escalopps mit Mostrichsauce.

Man bereitet Beefsteaks nach Nr. 42 von gehacktem Fleisch. Wenn dieselben 4 Minuten gebraten, richtet man sie an, verrührt in der zurückbleibenden Sauce 3 Löffel Wasser, 2 Löffel Mostrich, 1 Theelöffel voll Fleisch-

Extrakt, läßt die Sauce noch einmal aufkochen und gießt sie über die angerichteten Escalopps.

Wenn Fleisch=Extrakt schwer zu beschaffen, kann er hierbei auch fortbleiben.

48. Sraszy.

Dazu nimmt man ebenfalls lockeres Rindfleisch, schneidet daraus fingerdicke Scheiben und klopft sie mürbe. Dann läßt man im Kochgeschirr Butter heiß werden, legt die Fleischscheiben hinein, streut Salz und Pfeffer darüber, thut einige Zwiebeln (oder Zwiebel= gewürz) und ein kleines Stückchen Knoblauch dazu und läßt sie zugedeckt weich schmoren. Um genug Sauce zu erhalten, gießt man nach und nach einige Löffel Wasser zu und verrührt, wenn man Fleisch=Extrakt zur Hand hat, einen Theelöffel voll davon in der Sauce.

49. Gekochte Rindszunge.

Die Rindszunge wird gewaschen, in einen großen Topf gelegt, so viel Wasser darauf gegossen, daß es über der Zunge steht, das nöthige Salz (besser noch Bouillonsalz) dazu gethan, zugedeckt, langsam 3—3½ Stunde gekocht. Nach dieser Zeit ist die Zunge in der Regel weich, man nimmt sie alsdann heraus, zieht die dicke Haut sorgfältig ab, so daß die Zunge dabei nicht beschädigt wird, und kann sie dann sogleich warm zu fast jedem Gemüse, oder als kalten Aufschnitt, ver= speisen. — Die Brühe verwendet man zur Suppe.

50. Gebackene Rindszunge.

Die nach voriger Nummer weich gekochte, abgezogene Rindszunge schneidet man in halbfingerdicke Scheiben, dreht diese in gequirltem Ei und geriebener Semmel um (was man paniren nennt) und bäckt sie dann mit Butter oder Fett in der Eierkuchenpfanne hellbraun.

Es ist dies ebenfalls zu vielen Gemüsen eine angenehme Beilage.

51. Gepökelte Rindszunge.

100 g (6 Loth) Salz, ein Theelöffel Salpeter und ein Theelöffel klarer Zucker werden unter einander gemengt, die Zunge (ungewaschen) damit eingerieben, in ein Geschirr gelegt, zugedeckt 8 Tage (im Winter 12 Tage) liegen lassen, doch muß die Zunge täglich umgewendet werden. Soll sie nun gekocht werden, wird sie gewaschen, nach Nr. 49 bereitet und auch ebenso verspeist.

52. Rindsleber.

Von jungen Rindern ist die Leber meist zart und läßt sich zum Braten benutzen. Die Leber wird, wenn es die Zeit gestattet, einige Stunden in kaltes Wasser gelegt, herausgenommen, in fingerdicke Scheiben geschnitten, mit Salz und Pfeffer (oder Pfeffersalz) bestreut, in Mehl umgedreht und darauf schnell, in Butter oder Fett, saftig gebraten.

Hammelfleisch.

53. Hammel-Cotelettes.

Dazu ist das Rippenstück erforderlich. Mit einem scharfen Messer schneidet man immer 2 Rippen durch (von einer Rippe werden die Cotelettes zu dünn und infolge dessen nicht saftig), befreit sie von Fett, Haut und Sehnen, verkürzt den Knochen, falls er zu lang sein sollte, damit die Cotelettes eine zierliche Form bekommen, klopft sie etwas, bestreut sie mit Salz und Pfeffer (oder Pfeffersalz und etwas Zwiebelgewürz) läßt in Kochgeschirr oder Pfanne ein Stückchen Butter heiß werden, legt die Cotelettes hinein und bratet sie, in 4 Minuten, auf beiden Seiten.

54. Gedämpftes Hammelcarré.

Dazu nimmt man ebenfalls das Rippenstück, klopft es mürbe, bringt es ins Kochgeschirr, worin man vorher etwas Butter heiß werden ließ, streut Salz darauf, bratet es auf gelindem Feuer zu schöner hellbrauner Farbe, wendet es um, so daß die fleischige Seite oben ist, giebt einige Zwiebeln, einige Pfefferkörner, ein Lorbeerblatt und ¼ Liter Wasser dazu und läßt das Fleisch zugedeckt weich dämpfen. Sollte die Brühe zu kurz einschmoren, so wird noch ein wenig Wasser nachgegossen.

In Ermangelung von Zwiebel und Gewürz nehme man etwas Zwiebel- und Kräutergewürz.

55. Hammelsteaks.

Dazu kann man jedes derbe Stück Fleisch vom Hammel verwenden, z. B. aus der Keule. Man häutet das Fleisch, schneidet quer durch den Faden hübsche Stücke, gleich kleinen Beefsteaks, daraus, klopft diese mürbe, streut Pfeffer und Salz (oder Pfeffersalz) darüber und bratet sie schnell auf beiden Seiten bräunlich.

56. Muttonchops.

Ein Rippenstück vom Hammel schneidet man wie zu Cotelettes zwischen jeder Rippe durch, klopft die einzelnen Rippchen mürbe und reibt sie mit Pfeffer und Salz und feingehackten Zwiebeln (oder Zwiebel- und etwas Pfeffersalz) ein. Darauf wird das Kochgeschirr mit etwas Butter oder Fett ausgestrichen, mit roh geschälten, in Scheiben geschnittenen (sauber gewaschenen) Kartoffeln, dem nöthigen Salz und den Hammelrippchen einrangirt, ⅓ Liter Wasser darauf gegossen, das Kochgeschirr fest verschlossen, weich gedämpft. Auf offenes Feuer darf dieses Gericht aber nicht kommen, es darf nur langsam, vielleicht in heißer Asche, brodeln und ist, wenn ihm 2—2½ Stunde Zeit gelassen werden kann, ein sehr kräftiges, wohlschmeckendes Gericht.

57. Hammelzunge.

Da auch die Hammelzungen Verwendung finden müssen, so koche man sie, nachdem sie recht sauber gewaschen, in reichlich Wasser und dem nöthigen Salz weich, wozu 1—1½ Stunde erforderlich, ziehe die Haut davon ab und verspeise sie alsdann mit brauner Butter, in die man einen Löffel Mostrich gerührt.

58. Hammelleber.

Man richte sich dabei nach Nr. 52, Rindsleber.

Schweinefleisch.

59. Schweins-Cotelettes.

Dazu ist auch das Rippenstück erforderlich; man schneidet die Cotelettes 1½ Finger dick, befreit sie von aller daran befindlichen Haut und Sehnen, klopft sie recht mürbe, haut, wenn der Knochen zu lang sein sollte, ein Stück davon ab, bestreut sie mit Salz und gestoßenem Pfeffer (oder Pfeffersalz) und läßt sie übereinandergelegt ½ Stunde liegen. Hat man nun Ei und geriebene Semmel zur Hand (andernfalls kann es auch fortbleiben), so quirlt man das Ei recht klar, dreht die Coteletts darin um und dann sogleich in geriebener Semmel oder Weißbrod (was man paniren nennt) und bratet sie in Butter, wozu nur wenig erforderlich, von beiden Seiten braun.

60. Geschmortes Schweinefleisch.

Dazu eignet sich jedes Stück vom Schwein; ist es ein derbes Stück, so klopft man es zunächst mürbe, spült es leicht ab und bringt es dann mit einigen Zwiebeln, Pfefferkörnern, einem Lorbeerblatt (oder etwas

Zwiebel= und Gullaschgewürz), dem nöthigen Salz und wenig Wasser ins Kochgeschirr und läßt es zugedeckt weich schmoren. Hat man nun Mehl zur Hand, so löst man einen Theelöffel voll in wenig kaltem Wasser auf und läßt es in der letzten Viertelstunde in der Sauce mit durchkochen. In Ermangelung von Mehl genügt auch ein wenig geriebene Semmel oder Weiß= brod. — Das Fleisch von jungen Schweinen bedarf nur einer Stunde zum Garwerden.

61. Schweins=Filets.

Die Filets, die unter den Rippen liegen, sind vor= theilhafter verwendet, wenn man sie von den Rippen löst und besonders zubereitet, als wenn man sie mit dem Rippenstück zusammen schmort. Ein Filet liefert einen kleinen sehr feinen Braten für zwei Personen. — Es wird, nachdem es herausgelöst, gehäutet (die Haut liegt wie beim Hasen obenauf und ist leicht abzuziehen) Butter ins Kochgeschirr gethan, das Filet hineingelegt, Salz darüber gestreut, in einer halben Stunde fertig gebraten. Um die nöthige Sauce zu erhalten, gießt man von Zeit zu Zeit einige Löffel Wasser zu und thut zuletzt einen Theelöffel voll Mehl, in wenig kaltem Wasser aufgelöst, zur Sauce und läßt es mit durch= kochen. — Ein Theelöffel voll Fleischextrakt, zuletzt mit dem Mehl in der Sauce durchgekocht, verbessert diese sehr.

Wenn Mehl fehlen sollte, so kann auch hier ein wenig geriebene Semmel oder Weißbrod die Stelle er= setzen.

62. Beeffteaks von Schweins=Filets.

Die Filets werden gehäutet (siehe vorige Nummer), in 3 Finger dicke Scheiben geschnitten, etwas geklopft (auf der breiten Schnittseite), mit Pfeffer und Salz bestreut. Darauf thut man etwas Butter ins Kochgeschirr oder

Pfanne, eine in lange Streifen geschnittene Zwiebel dazu, und wenn diese etwas angebraten, legt man die Beefsteaks hinein und bratet es zusammen, in höchstens 4 Minuten fertig.

63. Fleischklöse.

Derbes Schweinefleisch, woran auch etwas Fett sein kann, wird fein gehackt, mit Salz und Pfeffer (oder Pfeffersalz und etwas Zwiebelgewürz) gemischt, Klöse davon geformt und diese in Butter oder Fett schnell gebraten.

64. Bratwurst.

Die Bratwurst zieht man, um das Aufplatzen zu verhüten, durch warmes Wasser. Die Butter läßt man im Kochgeschirr oder einer Pfanne heiß werden, legt die abgetropfte Bratwurst hinein und bratet sie auf beiden Seiten, 5 Minuten.

Kalbfleisch.

65. Kalbs-Cotelettes.

Dazu ist ebenfalls das Rippenstück erforderlich. Man schneidet die Cotelettes 2 Finger dick, befreit sie von Haut und Sehnen, klopft sie mürbe, bestreut sie mit Salz und wenig gestoßenem Pfeffer und wenn man Ei zur Hand hat, so zerquirlt man ein Ei, dreht die Cotelettes darin um und gleich darauf in geriebener Semmel. Nun thut man Butter ins Kochgeschirr oder Pfanne, wenn dieselbe heiß, legt man die Cotelettes hinein und bratet sie schnell auf beiden Seiten bräunlich. — Sollte Ei und Semmel schwer herbeizuschaffen sein, kann man die Kalbs-Cotelettes auch unpanirt (ohne Ei und Semmel) braten.

66. Rouladen von Kalbfleisch.

Dabei richte man sich nach Nr. 46, Rouladen von Rindfleisch; sie bedürfen aber zum Garwerden bloß einer Stunde.

67. Kalbsleber.

Diese wird zunächst mehreremal gewaschen, gehäutet, in fingerdicke Scheiben geschnitten, wobei man die in der Mitte befindlichen Sehnen ausschneidet, mit Salz und Pfeffer (oder Pfeffersalz) bestreut, in Mehl umgedreht, sehr schnell in Butter oder Fett braun und saftig gebraten.

Das Pferdefleisch

ist in großen Städten theilweise als Nahrungsmittel aufgenommen. Die Militär-Verwaltungen hätten deshalb weniger gegen Vorurtheile zu kämpfen, da im Kriege noch eher junge und innerlich gesunde Pferde, aus verschiedenen Gründen, zur Schlachtung abgegeben werden könnten. Es wäre für die Verwaltungen von Werth, wenn sie hiervon im Kriege einen ausgedehnteren Gebrauch machen dürften, aber bei der Verfeinerung der Sitten und der zunehmenden besseren Verpflegung des Soldaten wird immer nur die Noth hierzu führen, und der Landwehrmann des 19. Jahrhunderts würde sich aus freien Stücken ungern zu der Nahrung unserer heidnischen Vorfahren verstehen.

68. Beefsteaks von Pferdefleisch.

Das Fleisch wird so fein als möglich gehackt, mit Salz, Pfeffer und ganz fein geschnittenen Zwiebeln (oder mit Pfeffersalz und Zwiebelgewürz) gewürzt und Beefsteaks davon geformt. Dann thut man Butter in die Pfanne, schneidet eine dem Fleisch entsprechende reichliche Quantität Zwiebeln in langen Streifen hinein und bratet sie in der Butter hellbraun, schiebt sie mit einen Löffel zur Seite, legt die Beefsteaks dazu und bratet sie unter öfterem Hin= und Herschieben, auf leb= haftem Feuer, schnell auf beiden Seiten bräunlich. Angerichtet, werden sie dann mit den Zwiebeln belegt, die Butter darüber gegossen und sofort mit reichlich Mostrich (wenn solcher zu haben) verspeist.

69. Schmorfleisch von Pferdefleisch.

Ein gutes Stück Pferdefleisch aus der Keule klopft man tüchtig, spült es leicht ab, belegt den Boden des Kochgeschirrs mit dünnen Speckscheiben, thut das Fleisch mit dem nöthigen Salz (besser noch Bouillonsalz) darauf und so viel Wasser, daß es mit dem Fleisch gleichsteht. Alsdann thut man reichlich Zwiebeln, Pfeffer und Gewürzkörner (oder etwas Zwiebel= und Gullaschgewürz) einige Stückchen Brodrinde und einen Tassenkopf voll Essig dazu, deckt das Kochgeschirr fest zu und läßt das Fleisch auf gelindem Feuer weich dämpfen. Es hat sich während der Zeit viel Fett auf der Oberfläche gebildet, dies nehme man ab und lasse nur so viel darauf, als die Sauce bedarf. Kurz vor dem Anrichten verrührt man, um die Sauce sämig zu machen, die Brodrinde und einen Löffel Mostrich recht klar darin und richtet sie mit dem Fleisch zusammen an.

Anmerkung. In Ermangelung von Essig kann man krystalli= sirte Citronensäure anwenden (siehe Nr. 77).

70. Gullasch von Pferdefleisch.

Ein Stück Fleisch aus der Keule oder von den Rippen wird in große Würfel geschnitten. Dann thut man Butter ins Kochgeschirr, wenn diese recht heiß, das Fleisch hinein, streut Salz darüber, reichlich Zwie= beln in Scheiben geschnitten, eine Erbse groß Knoblauch und einen Theelöffel voll verlesenen Kümmels und läßt es zugedeckt weich schmoren. Von Zeit zu Zeit gießt man einige Löffel voll Wasser, zu und wenn das Fleisch weich, stäubt man einen Theelöffel voll Mehl darüber, thut etwas gestoßenen Pfeffer daran, läßt es noch einmal aufkochen und verspeist es mit Kartoffeln.

In Ermangelung von Zwiebeln und Gewürz nehme man reichlich Zwiebel= und Gullaschgewürz.

Alle Gerichte von Pferdefleisch müssen stark gewürzt werden.

71. Rouladen von Pferdefleisch.

Man richtet sich dabei nach Nr. 46, Rouladen von Rindfleisch, belegt aber die Fleischscheiben außer den Speckplatten noch mit Zwiebelscheiben und, wenn es zu haben, auch ein wenig Knoblauch. Die übrige Bereitungsart gleicht genau Rouladen von Rindfleisch.

72. Pferdezunge

schmeckt am besten, wenn sie 14 Tage nach Nr. 51 gründlich gepökelt, dann gekocht, wie Rindszunge verspeist wird.

73. Rauchfleisch von Pferdefleisch.

Fleischstücke von 6 bis 8 Pfd. Schwere, aus der Keule werden, stark mit Salz eingerieben, in ein tiefes Geschirr gelegt, was man fingerhoch mit Salz bestreut, und eben so viel Salz wird darüber gestreut. Mit der sich bildenden Soole beschöpft man die Fleischstücke täglich mehrere Mal recht gleichmäßig (3 Wochen lang) Alsdann nimmt man das Fleisch heraus, wäscht es mit kaltem Wasser ab, trocknet es ab und hängt es in den Rauch. Das Fleisch ist genug geräuchert, wenn es äußerlich trocken und eine hellbraune Farbe erlangt hat.

Es kann dann sofort, oder auch gekocht verspeist werden.

Ebenso kann man aber auch ein Rippenstück pökeln und räuchern.

74. Kaninchen zu schlachten und braten.

Um das Kaninchen zu tödten, sticht man mit einem scharfen Messer zwischen den Vorderbeinen in den Hals, wodurch das Herz getroffen und das Thier sogleich getödtet ist. Nachdem es ausgeblutet, wird es abgezogen und ausgenommen. Zum Braten verwendet man die jungen, aber völlig ausgewachsenen Kaninchen. Von älteren kocht man Suppe (siehe Nr. 23 Kaninchensuppe). — Soll nun der Braten zubereitet werden, schneidet man Kopf, Vorderbeine und Bauchlappen ab, spickt den Rücken mit Speck (in Ermangelung einer Spicknadel belegt man den Rücken mit Speckscheiben) thut Butter ins Kochgeschirr und legt, wenn diese anfängt zu bräunen, das Kaninchen hinein, bestreut es mit Salz und läßt es unter häufigem Begießen gar braten, was je nach dem Alter des Thieres eine Stunde, vielleicht auch etwas länger dauert. Um die nöthige Sauce zu erhalten, gießt man während des Bratens von Zeit zu Zeit etwas Wasser zu. (Wenn Sahne zu haben, gebe man einige Löffel Sahne dazu, wodurch die Sauce sehr verbessert wird).

Hat man dann den Braten herausgelegt, rührt man Alles am Rande Angesetzte mit einem Blechlöffel los und verrührt, wenn Mostrich vorhanden, einen Löffel voll davon in der Sauce.

Ebenso bereitet man

75. Hasenbraten.

Beim Braten lasse man aber in der Sauce den Mostrich weg und entferne recht sorgfältig die Haut von den Keulen und dem Rücken, bevor man den Hasen spickt.

Daß die Hasen nicht geschlachtet, sondern geschossen werden, bedarf wohl keiner Erwähnung.

76. Gebackne Froschkeulen.

Die reingeputzten und gewaschenen Froschkeulen werden in eine Schüssel gelegt, mit Salz bestreut, ½ Stunde liegen gelassen, darauf mit einem Tuche ab= getrocknet, ein Ei recht klar gequirlt, die Froschkeulen einzeln zuerst darin, dann sogleich in fein geriebener Semmel (die man mit etwas Gullaschgewürz vermischt hat) umgedreht, in eine Pfanne oder Kochgeschirr Fett gethan, wenn dies heiß, die Froschkeulen hineingelegt und darin recht schnell hellbraun und saftig gebacken. Dazu Kopfsalat.

Anmerkung. Zum Verspeisen nimmt man die großen gelb= weißen Frösche (nicht die grün und schwarz gesprenkelten aus Sümpfen) und von diesen nur die Keulen. Alles Uebrige ist unbrauchbar.

77. Gedünstete Froschkeulen.

Man läßt die reingeputzten und gewaschenen Frosch= keulen, ebenfalls mit Salz bestreut, ½ Stunde liegen; alsdann wird ein gutes Stück Butter ins Kochgeschirr gethan, wenn dieselbe recht heiß, ein Löffel Mehl darin verrührt, die Froschkeulen hineingethan und darin 10 Mi= nuten geröstet. Darauf gießt man 3 Löffel Wasser, wenn Wein zu haben, auch 3 Löffel Weißwein, etwas Gullaschgewürz, etwas Bouillonsalz und 1½—2 gr, in wenig Wasser aufgelöste, krystallisirte Citronensäure dazu und läßt Alles zusammen noch ½ Stunde schmoren.

Anmerkung. Da frische Citronen selten zu haben sind, ist die krystallisirte Citronensäure, da sie billig, leicht trans= portabel, als Surrogat sehr empfehlenswerth. — Man löst davon eine Kleinigkeit in heißem Wasser auf und ver= braucht sie wie frische Citronensäure, in Ermangelung von Essig auch statt Essig.

32

Federvieh.

78. Ente zu schlachten und braten.

Enten werden durch einen tiefen Schnitt in die weichen Theile des Genicks getödtet. Nachdem sie ausgeblutet, umwickelt man den Schnitt mit etwas Stroh, rupft sie sofort, hält sie dann über ein Stück angebranntes Papier, damit die kleinen Federchen absengen und nimmt sie sogleich aus, was man auf folgende Weise bewerkstelligt. Man macht mit einem scharfen Messer an der Seite in die Halshaut einen Einschnitt, so groß, daß man den Kropf, die Gurgel und den Schlund herausziehen kann. Dann macht man einen Schlitz in die Bauchhaut (vom After an in die Höhe), greift mit zwei Fingern hinein, holt die Eingeweide mit dem Magen und der Leber heraus und hackt den Hals und die Flügel ab. Nun wäscht man die Ente recht sauber, namentlich innerlich, läßt etwas Butter im Kochgeschirr heiß werden, legt die Ente hinein, streut Salz darüber, läßt sie von allen Seiten braun werden, gießt nach und nach etwas Wasser zu und läßt die Ente zugedeckt weich dämpfen oder im Ofen braun und saftig braten.

Wenn es möglich ist, so ist es empfehlenswerth, Federvieh 1—2 Tage vor dem Gebrauch zu schlachten; da die Verhältnisse dies aber nicht immer gestatten, so suche man, möglichst schnell nach dem Abschlachten es so weit vorzurichten, daß es noch einigermaßen warm ins Kochgeschirr kömmt, wodurch es auch milde wird.

Oder man füllt dem Thiere einige Minuten vor dem Schlachten einen kleinen Löffel voll Essig ein.

79. Gans

behandelt man ebenso.

80. Gänse= oder Entenleber zu braten.

Ein gutes Stück Butter thut man in die Pfanne oder Kochgeschirr, bratet 6—8 Stück kleine Zwiebeln darin bräunlich, legt die gewaschene Gänse= oder Enten= leber, die man in starke Scheiben geschnitten, mit Pfeffersalz bestreut und darauf in Mehl umgedreht hat, dazu und läßt es zusammen noch 4 Minuten braten.

81. Huhn zu schlachten und auszunehmen.

Um das Huhn zu schlachten, nimmt man es in die linke Hand, faßt beide Flügel und den Kopf zusammen, schneidet mit einem scharfen Messer mit der rechten Hand dicht am Kopfe Schlund und Gurgel zugleich durch und läßt es ausbluten, worauf es sogleich gerupft und gesengt wird. — Bei alten Hühnern sitzen die Federn sehr fest, um „das Rupfen" zu erleichtern, hält man sie, sowie sie ausgeblutet, einen Augenblick in sehr heißes Wasser, worauf sich die Federn leicht herausziehen lassen. Beim Ausnehmen richte man sich nach Nr. 78 (Ente zu schlachten), lasse aber dem Huhn Kopf und Flügel; diese Theile werden mitgekocht.

Hühnersuppe nach Nr. 12 ist sehr kräftig und wohl= schmeckend.

82. Tauben zu schlachten.

Den Tauben pflegt man mit einem Ruck den Kopf dicht am Halse abzureißen. Sie werden dann sogleich gerupft und ausgenommen und eine schmackhafte Suppe nach Nr. 13 davon gekocht.

83. Tauben zu braten.

Nachdem die jungen Tauben ausgenommen und sauber vorgerichtet sind, umwickelt man sie mit dünnen Speckplatten, die man durch Umbinden von starken Fäden befestigt. Darauf läßt man ein gutes Stück

Butter in der Pfanne oder im Kochgeschirr steigen, legt die Tauben hinein, streut Salz darüber, gießt nach und nach etwas Wasser zu und bratet sie schnell (½ Stunde) gar und saftig. Zuletzt läßt man ½ Theelöffel voll in kaltem Wasser aufgelöstes Mehl und einen Thee= löffel voll Fleischextrakt in der Sauce durchkochen.

84. Wilde Ente.

Wird wie zahme Ente (nach Nr. 78) bereitet.

85. Krammetsvögel zu braten.

Die Krammetsvögel werden gerupft, bis an den Hals, dann die Haut vom Halse über den Kopf mit den Federn gezogen, die Augen ausgestochen, der Unter= schnabel abgerissen, dabei der Schlund und die Gurgel mit herausgezogen, dann über ein Stück angebranntes Papier gehalten, damit die kleinen Federchen absengen. Darauf werden sie gewaschen, ein gutes Stück Butter in die Pfanne gethan und, wenn diese recht heiß, die Krammetsvögel hineingelegt, mit Salz bestreut, recht schnell, saftig, braun und kroß gebraten.
15 höchstens 20 Minuten dürfen Krammetsvögel braten wenn sie gut sein sollen.

86. Lerchen.

Werden wie Krammetsvögel zubereitet. Man kann sie, je nach Geschmack und Liebhaberei, ausgenommen oder unausgenommen braten.

87. Rebhühner zu braten.

Dabei richte man sich nach Nr. 83, Tauben zu braten; die Zubereitungsart ist dieselbe.

V. Von Fischen und Krebsen.

Alle Fische schmecken am besten, wenn sie frisch aus dem Wasser kommend gekocht werden. — Frische Fische, gute Fische sagt man, und es ist in der That so. — Die Frische der Fische, welche nicht mehr leben, wenn man sie erhält, kann man an der Röthe der Kiemen erkennen. Sind die Kiemen bleich, so hat der Fisch schon länger gestanden und ist möglicherweise ganz unbrauchbar.

Die Fische werden gewöhnlich geschuppt, nachdem man sie vorher getödtet hat, nur einige Arten, als Karpfen und Forellen, kocht man ungeschuppt.

Beim Schlachten der Fische bemühe man sich, wie bei allen Thieren, dieselben so schnell als möglich zu tödten.

Mit irgend einem harten Gegenstand schlägt man den Fisch auf den Kopf, schuppt ihn dann sogleich, indem man mit einem stumpfen Messer, am Schwanz anfangend, die Schuppen nach dem Kopfe zu, theils abhebt, theils abkratzt, je nachdem sie fest oder weniger fest sitzen. Darauf schneidet man den Leib der Länge nach von der Afteröffnung bis zum Kopfe auf, nimmt die Eingeweide sorgfältig heraus, damit die am Kopfe liegende Galle nicht verletzt wird, die, wenn sie platzt, den Fisch bitter macht; sollte es aber passiren, daß man sie zerreißt, so wasche man den Fisch tüchtig mit Wasser, wohl auch danach noch mit Essig aus.

88. Karpfen, blau gekocht.

Der Karpfen wird nach obiger Angabe geschlachtet, dabei aber vorsichtig vor dem Verluste des Schleimes und der Schuppen bewahrt, ausgenommen, gewaschen, der Länge nach in zwei Hälften gespalten, die Hälften dann durch Querschnitte in Portionsstücke getheilt.

Darauf läßt man das Kochgeschirr, halb mit Wasser gefüllt, zum Kochen kommen, thut reichlich Salz, 4—5 Zwiebeln, 12—15 Pfefferkörner, 1 Lorbeerblatt, 10 Gewürzkörner dazu (oder Naumannsches Fischgewürz= salz) legt den Fisch hinein und läßt ihn auf starkem Feuer 10 Minuten kochen. Wenn der Fisch in vollem „Wallen" gießt man 4 Löffel voll kalten Wassers dar= über, was man „schrecken" nennt und was den Fisch blättrig macht. — Er wird alsdann mit brauner Butter und rohem Meerrettig (oder wenn Meerrettig nicht zu erlangen, mit Moſtrich) verſpeiſt.

Anmerkung. Wenn die Offiziermenage zu erreichen ist, dann ist zum Fischkochen die Kasserolle Nr. 1 dazu passender.

Die Butter thut man in die Pfanne oder in den Deckel vom Kochgeschirr und läßt sie unter fortwähren= dem Rühren mit dem Löffel auf nicht sehr starkem Feuer braun werden. Der Meerrettig wird gewaschen, geputzt, auf dem Reibeisen gerieben, mit einer Priſe Salz, 2 Löffel voll Essig und eine mTheelöffel voll klaren Zucker, recht gut durcheinander gerührt und dann sofort zum Karpfen verſpeiſt.

Anmerkung. Es ist unmöglich, zu bestimmen, wie viel Salz man zu einer bestimmten Quantität Fisch nehmen muß. Man thue das Salz ins Wasser, lasse es kochen und koste, bevor man den Fisch hineinlegt, ob es scharf gesalzen schmeckt.

Dasselbe gilt auch, wenn man Naumannsches Fisch= gewürzsalz anwendet; dasselbe enthält alles Gewürz und Wurzeln in solcher Stärke, daß man den Fischsood nur reichlich damit zu salzen hat.

89. Karpfen in Rothwein.

Der Karpfen wird nach voriger Nummer geschlachtet, gespalten, in Stücke geschnitten. Darauf thut man ½ Flasche Rothwein, eben so viel Wasser, 2 g Negus= gewürz, das nöthige Fischgewürzsalz ins Kochgeschirr und läßt es kochen, legt den Fisch hinein, 100 g (6 Loth)

Butter und ein Stück Brodrinde dazu, auch etwas Zucker (5—6 Kaffeestücke) und 1½—2 g kryſtalliſirte Citronenſäure, die man in wenig Waſſer aufgelöſt (ſiehe Nr. 77), läßt den Fiſch mit allen dieſen Zuthaten auf ſchnellem Feuer 10 Minuten kochen. Alsdann hebt man den Fiſch recht vorſichtig heraus (in Ermangelung eines Fiſchlöffels nimmt man einen Löffel und eine Gabel dazu), rührt die zurückbleibende Sauce mit einem Löffel recht klar und giebt, falls ſie nicht ſämig genug ſein ſollte, einen Theelöffel voll Mehl, das man in 2 Eßlöffel voll kalten Waſſers recht klar gerührt, dazu, läßt es zuſammen noch einmal aufkochen und richtet die Sauce über den Karpfen an.

Anmerkung. Das Verhältniß iſt zu 4 Pfd. Fiſch für ſechs Perſonen berechnet.

Auch hierzu würde die Kaſſerolle Nr. 1 aus der Menage, wenn dieſelbe zu erreichen, paſſender ſein als der Feld= keſſel.

90. Gebackener Karpfen.

Hierzu wird der Karpfen, nachdem er geſchlachtet, geſchuppt, geſpalten, in Stücke geſchnitten, gewaſchen, mit Salz beſtreut womöglich 2 Stunden ſtehen laſſen. Darauf trocknet man die einzelnen Stücke mit einem ſauberen Tuche ab, quirlt in einem kleinen Geſchirr ein Ei recht klar, dreht die Fiſchſtücke einzeln darin um und gleich darauf in altbackener geriebener Semmel oder Weißbrod (was man paniren nennt), thut alsdann Butter oder Fett in die Pfanne, wenn dieſe recht heiß, die Fiſchſtücke hinein (neben, nicht übereinander) und bäckt ſie von beiden Seiten auf nicht ſehr ſtarkem Feuer braun, wozu ebenfalls 10 Minuten erforderlich.

Anmerkung. Sollte Ei und geriebene Semmel ſchwer zu er= langen ſein, ſo kann man auch ſtatt deſſen die Fiſchſtücke in Mehl (das man mit einigen Priſen Pfefferſalz vermiſcht hat) umdrehen und dann in Fett oder Butter in der Pfanne ausbacken.

91. Schleie mit Butter.

Die Schleie werden nach obiger Angabe geschlachtet, alsdann geschuppt (die Schuppen sitzen an diesem Fische sehr fest), das Eingeweide herausgenommen, in Stücke geschnitten und sauber gewaschen. Alsdann stellt man eine Kasserolle aus der Menage, oder das Kochgeschirr halb mit Wasser gefüllt zum Feuer, thut Salz, 4—5 Zwiebeln, Pfefferkörner, Gewürzkörner, 1 Lorbeerblatt (oder reichlich Fischgewürzsalz) dazu und läßt es zum Kochen kommen, legt den Fisch hinein und läßt ihn auf lebhaftem Feuer 10 Minuten kochen.

Währenddem thut man (für 6 Personen) 125 g Butter in die Pfanne, läßt diese auf schwachem Feuer unter fortwährendem Umrühren, hellbraun werden, rührt 3 Eßlöffel voll Mostrich hinein, läßt es zusammen noch einmal aufstoßen und verspeist es dann sogleich zum Fisch.

Schleie ist dem Karpfen sehr ähnlich und kann auch nach Nr. 89 und 90 zubereitet werden.

92. Hecht, blau gekocht.

Man richte sich dabei nach vorstehender Nummer, Schleie zu kochen, und verspeise den Hecht ebenfalls mit Mostrichbutter. —

Die Leber vom Hecht gilt als Leckerbissen. — Beim Ausnehmen des Fisches löst man sie sorgfältig von den Eingeweiden, wäscht sie sauber und kocht sie mit dem Fisch zusammen gar.

93. Back= oder Brathecht.

Gewöhnlich werden hierzu die kleinen Hechte ge= nommen. Nachdem dieselben, wie oben beschrieben, ge= schlachtet, geschuppt, ausgenommen und gewaschen sind, läßt man sie mit Salz bestreut ½ Stunde liegen. Darauf mischt man (zu 2 Pfd. Fisch) unter 2 Löffel

Mehl einen Theelöffel voll Pfeffersalz, wendet die Fische, nachdem man sie abtropfen ließ, darin um. Während= dem thut man Butter in die Pfanne; wenn diese recht heiß, legt man die Fische hinein (neben einander) und bäckt sie 15 Minuten von beiden Seiten kroß und schön hellbraun.

Man backe die Fische nicht früher als sie verspeist werden sollen, durch längeres „Stehen" werden sie wieder weich.

Kopfsalat paßt sehr gut dazu.

94. Aal zu kochen.

Nachdem der Aal nach oben angegebener Vorschrift wie andere Fische getödtet, reibt man ihn mit Salz ab. Zu diesem Zweck nimmt man etwas Salz in die Hand und zieht den Aal mehrere Mal recht scharf durch, um ihn von dem anhaftenden Schleim zu befreien; darnach wird er gewaschen und in Stücke geschnitten. In der Kasserolle läßt man nun so viel Wasser zum Kochen kommen als nöthig, daß der Aal damit bedeckt wird, giebt Salz, Zwiebeln, Pfeffer und Gewürzkörner (oder reichlich Fischgewürzsalz) dazu, legt den Aal hinein und läßt ihn auf hellem Feuer 5 Minuten recht schnell und darauf seitwärts noch 8 Minuten langsam kochen.

Man verspeist ihn warm mit darauf geträufeltem Citronensaft.

95. Forellen zu kochen.

Die Forellen werden, nachdem sie getödtet, ausge= nommen, wobei man aber den Schleim nicht verletze, weil dieser das Blauwerden hervorbringt, in runde Form gebracht, d. h. man klemmt ihnen den Schwanz ins Maul, und sollte er nicht festhalten, so bediene man sich dazu einer Packnadel und Bindfaden und wasche sie dann innen sauber aus.

Dann stellt man eine Kasserolle halb mit Wasser

gefüllt, was mit etwas Essig vermischt ist, (auf 2 Liter Wasser ⅛ Liter Essig) zum Feuer, thut Salz, Zwiebeln, Pfeffer und Gewürzkörner (oder Fischgewürzsalz) dazu und wenn es kocht legt man die Forellen hinein, läßt sie 5—6 Minuten kochen; wenn sie in vollem „Wallen", gießt man einen Tassenkopf kaltes Wasser darüber (was man schrecken nennt) und läßt sie dann zugedeckt seit- wärts vom Feuer noch 8—10 Minuten nachziehen. — Beim Anrichten entfernt man den Bindfaden, legt die Forellen zierlich übereinander und verspeist sie mit heißer zerlassener Butter.

96. Aalraupe (Quappe).

Dieser häßliche schuppenlose Fisch, mit unmäßig großem Kopf, wird hauptsächlich um der Leber willen, die als etwas sehr Feines gilt, geschätzt.

Die Aalraupe wird, wie der Aal, nachdem sie ge- tödtet, mit Salz abgerieben, ausgenommen, sauber ge- waschen, in Stücke geschnitten. Darauf stellt man eine Kasserolle halb mit Wasser gefüllt zum Feuer, thut Salz, Zwiebeln, Pfeffer und Gewürzkörner (oder reichlich Fischgewürzsalz) und Essig dazu (auf 1 Liter Wasser ¼ Liter Essig), legt, wenn dies kocht, den Fisch hinein und läßt ihn 15 Minuten kochen.

Man verspeist sie warm, mit Butter und Mostrich (siehe Nr. 91), oder auch kalt, alsdann läßt man sie in der Brühe worin sie gekocht sind, kalt werden und verspeist sie dann mit Essig und Oel.

Die Leber kocht man mit dem Fisch und legt sie beim Anrichten oben auf.

97. Kleine Fische zu backen (Gründlinge).

Der Gründling ist unter den kleinen Fischen, die sich zum Backen eignen, der Feinste und Schmackhafteste.

Die kleinen Fischchen werden geschuppt, ausgenommen,

gewaschen, mit Salz bestreut ½ Stunde hingestellt. Darauf läßt man sie abtropfen, dreht sie in Mehl um, thut Butter in die Pfanne, wenn diese recht heiß, legt man so viel Fischchen hinein als bequem nebenein= ander liegen können und läßt sie von beiden Seiten hellbraun und knusperig backen, was ungefähr 15 Mi= nuten dauert.

98. Dorsch zu kochen.

Der Dorsch wird geschuppt, ausgenommen (was mit großer Akkuratesse geschehen muß, damit von der schwarzen Haut innen nichts sitzen bleibt), in Stücke ge= schnitten, sauber gewaschen.

In der Kasserolle oder Kochgeschirr (beide Geschirre eignen sich dazu) läßt man Wasser zum Kochen kommen, thut Salz dazu, legt den Fisch hinein und läßt ihn 10 Minuten kochen.

Man verspeist ihn mit brauner Butter und Mostrich und Kartoffeln.

99. Krebse zu kochen.

Man stellt eine Kasserolle, halb mit Wasser gefüllt und Salz dazu gethan, zum Feuer, und wenn das Wasser kocht, thut man die gewaschenen Krebse, die man auch aufmerksam durchsucht, damit sich keine todten darunter befinden, hinein und läßt sie zugedeckt so lange kochen, bis sie eine schöne rothe Farbe angenommen. Darnach gießt man das Wasser ab, thut reichlich Butter dazu (auf 40 Stück große Krebse 125 g [¼ Pfd.]), einige Löffel voll kochenden Wassers, einen Theelöffel voll verlesenen Kümmel, noch etwas Salz und läßt die Krebse auf schwachem Feuer ½—¾ Stunde unter häufigem Umschwenken langsam schmoren. Einen Thee= löffel voll Mehl löst man in einem Löffel voll kalten

Wassers auf, thut es zu den Krebsen, läßt es noch einmal damit aufkochen, um die Sauce etwas sämig zu machen.

Anmerkung. Es sei darauf hingewiesen, daß es eine Grau= samkeit ist, die Krebse mit kaltem Wasser zum Feuer zu stellen (wie häufig geschieht) und sie langsam eines marter= vollen Todes sterben zu lassen.

100. Konserven.

Die Zahl der unter dem Namen Konserven be= kannten Präparate ist sehr groß. Es soll aber hier nur von den in luftdicht verschlossenen Büchsen (Blech= büchsen) die Rede sein, da die meisten der komprimirten Gemüse und kondensirten Suppen in Tafelform für den Geschmack „Vieler" nicht angenehm ist.

Die meisten dieser Speisen sind vor dem „Einfüllen" in die Büchsen mit allem Zubehör fertig gekocht, so daß sie, nachdem die Büchsen geöffnet, nur des „Heiß= machens" oder „Aufkochens" bedürfen.

Eine große Menge dieser Fabrikate liefert Amerika, und sind namentlich die Fleischgerichte, z. B. Corned Beef, als kalter Aufschnitt, Rostbeef, Zunge, Hammel= keule 2c. 2c., die ebenfalls nur des „Heißwerdens" be= dürfen, um sofort verspeist werden zu können, besonders empfehlenswerth. Aber auch die Fricassées, Ragouts, Lerchen, Krammetsvögel, wilde Enten, junge Hühner, in Deutschland eingekocht, sind sehr vorzüglich.

Alle Speisen, die mit der gehörigen Vorsicht ein= gekocht und luftdicht verschlossen sind, haben eine unver= gängliche Dauer.

Das Aufmachen geschieht mittelst eines kurzen, sehr starken Messers, womit man im Stande ist, den Blech= deckel zu durchschneiden. In Ermangelung eines solchen Messers schlage man den Deckel mit dem Beil oder einem andern scharfen Instrumente ein.

Sobald eine Büchse geöffnet, ist es rathsam, den Inhalt zu verspeisen, da er sich nicht lange gut erhält.

Um die Speisen aufzukochen oder heiß zu machen, stellt man die geöffnete Büchse in einen Kessel mit Wasser, das so lange im Kochen erhalten wird, bis die Speise in der Büchse heiß ist (un bain-marie). Dabei muß aber darauf geachtet werden, daß nicht etwa während des Kochens Wasser in die Büchse schlägt oder die Büchse umfällt.

Oder man thut die Speise in ein Kasserol und läßt sie vorsichtig (um das „Anbrennen" zu verhüten) über Kohlenfeuer heiß werden. Niemals stelle man aber die Blechbüchse aufs Feuer, um die Speise gleich darin aufzukochen. Die Speisen nehmen dabei leicht einen schlechten Geschmack an.

VI. Eierspeisen.

101. Weiche Eier.

Wenn das Wasser stark kocht, so werden die Eier, so viel man zu essen beabsichtigt, behutsam mit einem Löffel hineingelegt und $3\frac{1}{2}$ Minute gekocht; nach dieser Zeit ist das Weiße von zarter Festigkeit, das Dotter aber noch flüssig. Wünscht man das Dotter ein wenig dicker zu haben, so lasse man die Eier $\frac{1}{2}$ Minute länger kochen.

102. Rührei.

Die erforderliche Anzahl Eier quirlt man mit etwas Wasser (auf 3 Eier einen Eßlöffel Wasser). Dann läßt man Butter in einer Pfanne oder einem Kochgeschirr heiß werden (auf 6 Eier 66 g [4 Loth]), gießt die Eier hinein und rührt sie, auf nicht zu starkem Feuer, Strich für Strich (nicht rund herum), bis sie anfangen, sich auf dem Boden zu verdichten. Dann nehme man sie vom Feuer, setze aber das Rühren fort, bis sich die ganze Masse in lockere Flocken verwandelt hat.

103. Rührei mit Schinken

wird nach vorstehender Nummer bereitet; man ver=
mischt es mit einer den Eiern entsprechenden Quantität
in kleine Würfel geschnittenen Schinken.

Statt Schinken kann man auch Cervelatwurst nehmen
und erhält so

104. Rührei mit Cervelatwurst.

105. Spiegel=Eier.

Man thut etwas Butter in die Pfanne, oder auch
ins Kochgeschirr und läßt sie flüssig werden, schlägt die
Eier vorsichtig hinein, eins neben das andere, streut Salz
darüber und läßt sie auf schwachem Feuer, indem man mit
einem Messer hin und wieder vorsichtig darunter fährt,
so daß sie sich gut von der Pfanne lösen, verdichten.

106. Saure Eier.

Ein Stück in Würfel geschnittenen Speck läßt man
etwas anbraten, einen Löffel voll Mehl unter fortwäh=
rendem Umrühren darin bräunen, gießt dann ¹/₂ Tassen=
kopf Essig und so viel Wasser zu, daß man eine sämige,
gebundene Sauce erhält, das nöthige Salz und ganz
wenig Zucker, dies läßt man zusammen aufkochen und
giebt die Sauce über die nach voriger Nummer berei=
teten Spiegeleier.

107. Eierkuchen zu backen.

¹/₄ Liter kalte Milch, ¹/₄ Liter kaltes Wasser, 4 Eier,
125 g (¹/₄ Pfd.) Mehl und eine Prise Salz wird in einem
etwas hohen Topfe klar gequirlt.

In der eisernen Pfanne läßt man ¹/₂ Löffel Butter
recht heiß werden, vertheilt diese durch Hin= und Her=
schwenken der Pfanne gleichmäßig darin, schüttet den
vierten Theil von der eingerührten Masse hinein und

stellt die Pfanne auf schwaches Feuer. Dann stößt man
mit dem Messer an verschiedenen Stellen auf den Grund,
bis die Masse oben trocken ist und sich von der Pfanne
löst. Sollte es den Anschein haben, als ob der Eier=
kuchen sich nicht gut lösen oder an einer Stelle fest=
halten wollte, so hebe man mit dem Messer den Rand in
die Höhe und lasse ein wenig Butter darunter laufen,
worauf das „Loslösen" sehr bald erfolgt. Nun wird
der Eierkuchen gewendet und auf der anderen Seite
gebacken. Wer darin nicht geübt ist, um durch eine
geschickte Schwenkung der Pfanne den Kuchen herum zu
werfen, bediene sich dazu eines Tellers, stelle diesen auf
die linke Handfläche, lasse den Kuchen daraufgleiten, lege
ein Stückchen Butter darauf, decke die Pfanne darüber,
kehre beides zusammen schnell um, nehme den Teller
ab und backe den Eierkuchen auch auf dieser Seite schön
braun.

Mit Zucker und Zimmt bestreut, werden dann die
Eierkuchen sehr bald zu Salat verspeist. — Die hier
angegebene Masse giebt 4 Eierkuchen.

Bei jedesmaligem Eingießen eines frischen Eierkuchens
in die Pfanne rühre man die Masse vorher um, weil
sich das Mehl zu Boden senkt.

Anmerkung. Die Pfanne aus der Offizier=Menage eignet sich
sehr gut zum Eierkuchenbacken.

108. Schnittlauch=Eierkuchen.

Man rührt die Masse nach vorstehender Nummer
ein. Dann wäscht man eine Hand voll Schnittlauch
sauber, schneidet diesen fein, thut einen Löffel voll Butter
in die Pfanne, läßt den Schnittlauch darin etwas braten,
gießt den 4. Theil von der eingerührten Masse dazu
und bäckt, nach vorstehender Angabe, den Eierkuchen von
beiden Seiten schön hellbraun.

Zucker und Zimmt bleibt hierbei aber weg.

zuletzt aufgebrühte Kaffeepulver verwendet man bei der nächsten Kaffeebereitung zur Abkochung.

Noch sei bemerkt, daß es rathsam, den Kaffee bald nach der Bereitung zu trinken; durch längeres „Stehen" verliert er viel von seinem sonst so vorzüglichen Aroma.

117. Thee.

Ist für den Soldaten ebenfalls ein nützliches Nah= rungsmittel, das leicht transportabel und schnell be= reitet ist. —

Er wirkt erregend und erfrischend auf das Nerven= system, ohne folgende Abmattung. Der heiße Thee= aufguß schützt, wie jener des Kaffees gegen Hitze und Kälte, stärkt bei Ermüdung und schützt ebenfalls gegen Malaria. — Er hat überhaupt so ziemlich die Eigen= schaften des Kaffees.

Auch der Thee verlangt eine verständige Zubereitungs= art gleich dem Kaffee.

Bei der Theebereitung spült man zunächst die Thee= kanne mit kochendem Wasser aus, um sie zu erwärmen, thut dann so viel Theelöffel voll Thee hinein, als Personen davon trinken sollen, gießt $1/4$ Liter kochenden Wassers darauf und läßt die Theekanne fest zugedeckt auf einer heißen Stelle 6 Minuten stehen, dann gießt man so viel kochendes Wasser zu als für die Personenzahl zum einmaligen Füllen der Tassen nöthig und gießt ihn dann sogleich in die Tassen.

Sollte noch eine zweite Tasse Thee gewünscht wer= den, so thut man für jede Person noch $1/2$ Theelöffel voll Thee in die Kanne und wiederholt den Aufguß wie oben gesagt.

Man bereitet den Thee erst vor dem Augenblicke, wo er getrunken werden soll, um sein Aroma nicht ver= fliegen zu lassen.

118. Wasser-Chocolade.

Wenn möglich nimmt man hierzu die feinste Chocolade und rechnet auf 2 Tassen 50 g (3 Loth), stellt
diese knapp mit Wasser bedeckt auf schwaches Feuer,
rührt sie, nachdem sie ganz weich geworden zu einem
Brei, gießt das noch fehlende Wasser zu und läßt sie
langsam, unter häufigem Umrühren, 5—10 Minuten
kochen. Darauf quirlt man in einem anderen Topfe
ein Eidotter mit einem Eßlöffel voll kalten Wassers
recht schaumig, gießt unter fortwährendem Quirlen die
Chocolade dazu und servirt sie dann sogleich.

119. Kalter Eierwein.

Vier Eidotter quirlt man mit 66 g (4 Loth) klaren
Zucker schaumig, giebt unter fortwährendem Quirlen
½ Flasche Weißwein dazu und gießt ihn dann sogleich
recht schaumig in die Gläser.

120. Glühwein.

Eine Flasche Rothwein, 100 g (6 Loth) Zucker,
8 g (½ Loth) ganzen Zimmt, 10 Stück Gewürznelken
(oder 1 g Negusgewürz) läßt man auf gelindem Feuer
zugedeckt kochend heiß werden, aber nicht richtig kochen,
und füllt ihn dann sogleich in die vorher erwärmten
Gläser.

121. Grog.

¼ Liter Rum, 200 g (12 Loth) Zucker, wird mit
¾ Liter kochenden Wassers vermischt recht heiß getrunken.

122. Crambambuli.

Dazu muß das Kochgeschirr zuvörderst sehr blank
gescheuert sein. Dann gießt man 1 Liter Jamaika-Rum
hinein und hat auch vorher schon ein interimistisches
Drahtgeflecht vorbereitet, was über das Kochgeschirr

gelegt wird. In den Rum taucht man nun ½ k (1 Pfd.) Zucker, läßt ihn vollsaugen, legt ihn auf das Drahtgeflecht und zündet den im Kochgeschirr befind= lichen Rum mit einem Fidibus an.

Der Crambambuli ist fertig, wenn der Rum aus= gebrannt und der Zucker alle in den Rum getropft ist.

123. Bowle von Sellerie.

(Hat einen ananasähnlichen Geschmack.)

Zwei große Sellerieköpfe schält und schneidet man in Scheiben und läßt sie in 2 Glas Weißwein, fest zu= gedeckt, ausziehen. Darauf bereitet man die Bowle von Weißwein, auf die Flasche 83 g (5 Loth) auf= gelösten Zuckers und giebt von der Essenz nach Geschmack dazu.

124. Eine vorzügliche Bowle mit Naumanns Fruchtkomposition herzustellen I.

Vier Flaschen leichter Moselwein, 250 g (½ Pfd.) aufgelöster Zucker, 10 g Fruchtkomposition II. gut umgerührt und unmittelbar vor dem Serviren 1 Flasche recht kalten Champagner zugegossen.

125. Noch eine Bowle mit Fruchtkomposition herzustellen (einfacher) II.

Eine Flasche leichter Moselwein, 83 g (5 Loth) aufgelöster Zucker, 2 g Fruchtkomposition II. gut gemischt.

126. Kalter Punsch.

Die recht dünn abgeschälte Schale von einer Citrone thut man in eine Terrine nebst ½ k (1 Pfd.) Zucker, den durchgegossenen Saft von 3 Citronen, 2 Flaschen Weißwein, ½ Flasche Arrac, deckt die Terrine fest zu und läßt sie, bevor man den Punsch servirt, 4—5 Stun= den stehen.

Statt Citronenschale und Citronensaft kann man

beides in Extraktform dazu nehmen, 5 g Citronenschale=
Extrakt und 15 g Citronensäure=Extrakt, hat alsdann
auch nicht nöthig, die Bowle 5 Stunden stehen und mit
Obigem ausziehen zu lassen, sondern kann sie sogleich
serviren.

127. Wein=Punsch.

½ k (1 Pfd.) Zucker wird mit einer Flasche Wasser
aufgekocht, 1 Flasche Weißwein dazu gegeben, der durch=
gegossene Saft von 1½ Citronen oder 8 g Citronen=
saft in Extraktform und ½ Liter guter Arrak hinzugethan,
die Mischung nochmals recht heiß werden lassen und
dann sogleich servirt.

128. Königs=Punsch.

¾ k (1½ Pfd.) Zucker, worauf man die Schale
einer Citrone abgerieben (oder 5 g Citronenschale=Extrakt)
läßt man mit 2 Liter kochenden Wassers auflösen.

In einer Terrine mischt man nun 2 Flaschen Weiß=
wein, 1 Liter Rum, den Saft von 2 Citronen (oder 10 g
Citronensäure=Extrakt) gießt den aufgelösten Zucker dazu,
läßt die Mischung sehr heiß werden (aber nicht kochen)
und servirt sie dann sogleich.